Chouette penser!

Directrice de collection :
Myriam Revault d'Allonnes

Gallimard Jeunesse/Giboulées
sous la direction de Colline Faure-Poirée

Conception graphique & direction artistique :
Néjib Belhadj Kacem
Maquette : Alice Brun-Ney

Édition : Patricia Guédot
Préparation - correction : Lorène Bucher

Françoise Dastur

Dessins d'Anne Hemstege

POURQUOI LA MORT ?

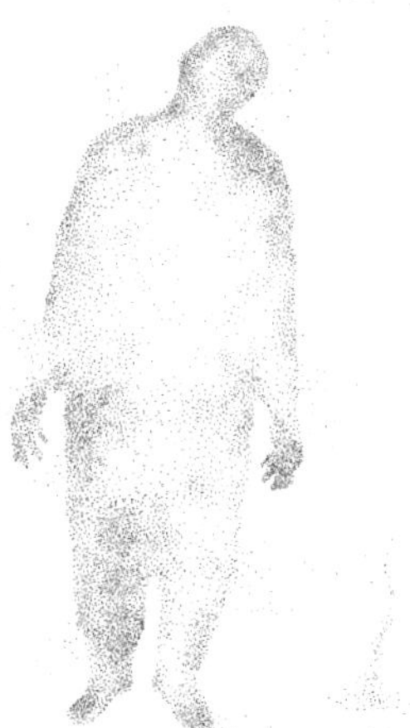

GIBOULÉES
GALLIMARD JEUNESSE

SOMMAIRE

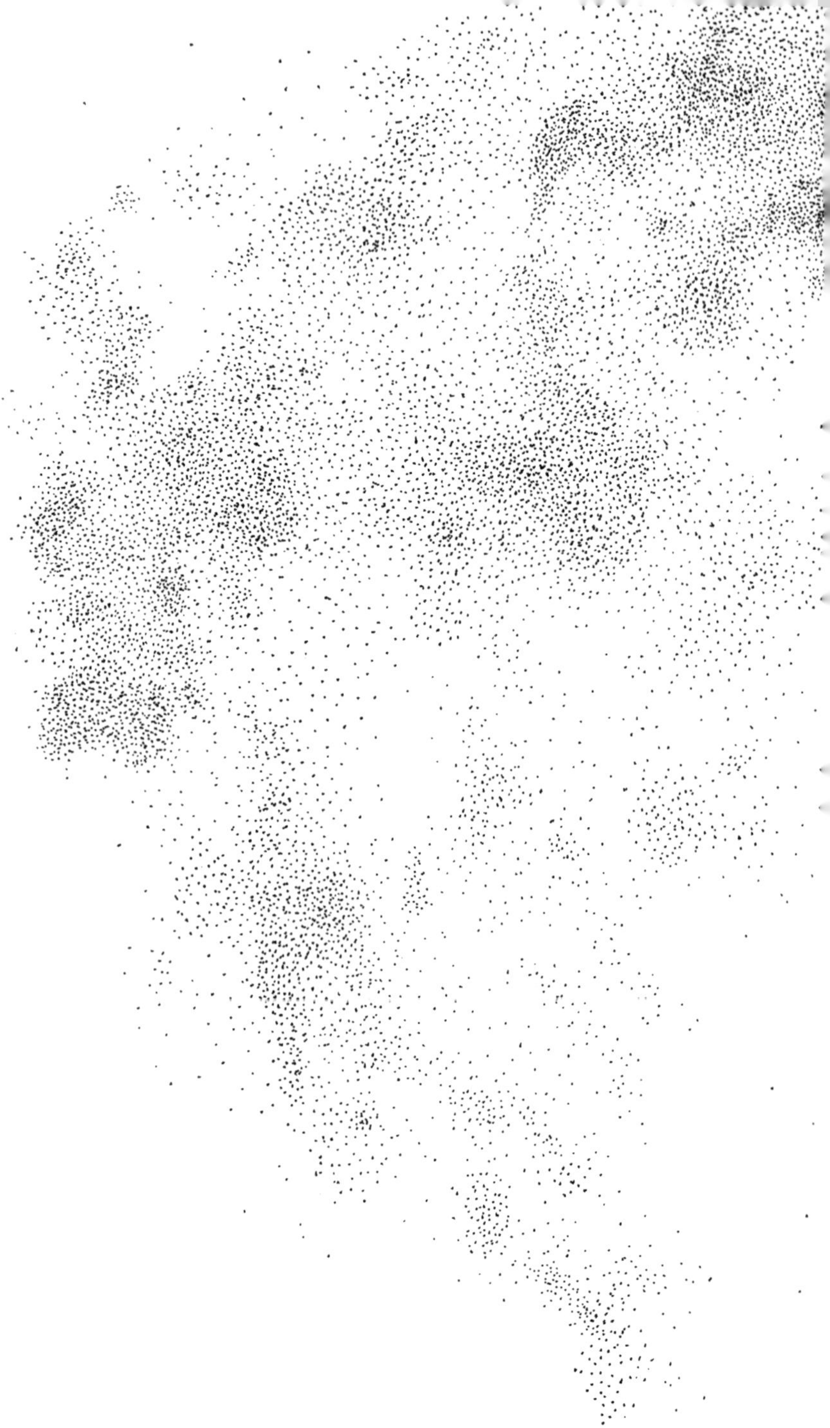

Une question qui met mal à l'aise

Pourquoi faut-il mourir ? C'est là, parmi toutes les questions que les enfants posent aux adultes, celle sans aucun doute qui les met le plus mal à l'aise. Personne n'a envie de parler de la mort, c'est un sujet qu'on cherche à éviter, parce que ce seul mot éveille en nous, jeunes ou vieux, la peur et l'angoisse. Il suffit pourtant de regarder le journal télévisé, ou d'écouter les informations à la radio, pour entendre parler de la mort : tous les jours, des personnes de tout âge meurent, de maladie ou d'accident, ou encore parce qu'elles sont victimes de catastrophes naturelles, d'attentats et des guerres qui ont lieu actuellement dans le monde. Et, dans les films ou les séries télévisées, il n'est pas rare d'assister à des accidents mortels et à des meurtres, et de voir des personnages en train d'agoniser. Mais il ne s'agit là que de morts virtuelles. Et toutes les morts bien réelles dont nous entendons parler, et auxquelles nous assistons parfois, à travers les reportages télévisés, même si elles peuvent un moment parvenir à nous troubler, ne nous touchent pas autant que celles de personnes de notre entourage et que nous aimons.

Virtuel
Qui n'est pas réel, qui n'existe qu'en imagination.

C'est souvent à l'occasion de la disparition d'un être cher que la question de la mort se pose à nous. J'ai employé le mot « **disparition** » parce que c'est le seul qui nous permette de nous représenter la mort.

Il ne s'agit pas alors de la disparition provisoire de quelqu'un qui, un jour, proche ou lointain, fera sa réapparition parmi nous, comme c'est le cas de ceux qui nous quittent pour faire un voyage, ou de ceux qui vont vivre loin de nous, qu'il nous sera toujours possible de retrouver dans un avenir plus ou moins éloigné. Non, il s'agit d'une disparition définitive, d'un voyage sans retour, et cette pensée est si effrayante que notre première réaction est de la repousser, et de faire en sorte de vite penser à autre chose.

C'est justement aussi ce que la plupart des adultes tentent de faire avec les enfants. Ils leur disent de ne plus penser à la mort, de repousser ces idées noires, et de s'intéresser plutôt à des choses plus gaies. Et eux-mêmes s'efforcent d'y penser et d'en parler le moins possible, comme s'il s'agissait d'un sujet qu'il n'est pas convenable d'aborder en société, d'un tabou. Un grand penseur français, Pascal, a bien mis en évidence ce qui pousse les hommes à chasser de leur esprit la pensée de la mort et de tous les maux de l'existence et à se jeter dans l'action. C'est ce qu'il nomme le divertissement.

Tabou
Vient du polynésien *tabu*, qui veut dire « interdit ». Désigne ce dont il n'est pas permis de parler par pudeur ou par crainte.

Blaise PASCAL (1623-1662)
Philosophe français, auteur des *Pensées*.

Se divertir et repousser la pensée de la mort, c'est ce que font les hommes aujourd'hui, dans la société moderne, où chacun pense d'abord à réussir dans la vie et désire être heureux. Et ceci est encore plus vrai pour ceux qui habitent les villes que pour ceux qui vivent à la campagne, où l'on est plus souvent confronté à la

DIVERTISSEMENT. LES HOMMES N'AYANT PU GUÉRIR LA MORT, LA MISÈRE, L'IGNORANCE, ILS SE SONT AVISÉS, POUR SE RENDRE HEUREUX, DE N'Y POINT PENSER.

Pascal

mort réelle, à travers celle des animaux sauvages ou domestiques. L'être humain n'est pas le seul en effet à devoir mourir un jour, c'est un destin qu'il partage avec tous les êtres vivants. On ne sait pas, à vrai dire, si les animaux ont le pressentiment de leur mort, puisque, ne possédant pas le langage, ils ne peuvent pas nous communiquer tous leurs sentiments. On peut cependant supposer que les animaux sauvages, précisément parce qu'ils s'efforcent par tous les moyens de survivre, « savent » quelque chose de la mort, mais d'une tout autre manière que nous, qui avons la capacité de nous représenter l'avenir et d'accéder ainsi à la conscience de notre propre mortalité.

On en trouve la confirmation dans l'un des témoignages les plus anciens de l'histoire humaine, l'un des premiers textes littéraires que nous connaissons, qui a été écrit avant la Bible et qui remonte au IIe millénaire avant l'ère chrétienne. Il s'agit d'un récit qui met en scène un héros nommé Gilgamesh. Cette épopée raconte la découverte que fait ce roi légendaire d'Ourouk (une cité de Mésopotamie). Semblable à un dieu, Gilgamesh ne connaît pas la mort et n'en fait l'expérience qu'au moment de celle de son ami Enkidu qui, lui, n'est qu'un humain proche encore de l'animalité. Gilgamesh, épouvanté par la disparition de son ami, entreprend alors un long et dangereux voyage à la recherche de ce qui pourrait lui

Épopée
Long poème qui célèbre les exploits d'un héros.

conférer une vie éternelle, car désormais il craint, lui aussi, de subir un jour le même sort, celui qui est le lot de tous les humains. Mais la vie éternelle qu'il cherche, il ne pourra pas la trouver, lui explique une femme rencontrée au cours de son voyage.

Gilgamesh n'en poursuit pas moins sa quête, mais sans parvenir à trouver le remède qui pourrait le préserver de la mort. Il doit donc finalement reconnaître qu'il est, lui aussi, condamné à subir le destin imparti aux humains.

Ce qui est intéressant dans ce récit, c'est que si Gilgamesh parvient à prendre conscience qu'il est un mortel, c'est uniquement à travers l'amitié qui le lie à Enkidu. Il ne sort donc de l'illusion d'être immortel que lorsqu'il assiste

LA VIE QUE TU CHERCHES, TU NE PEUX LA TROUVER : LORSQUE LES DIEUX CRÉÈRENT L'HUMANITÉ, C'EST LA MORT QU'ILS FIXÈRENT AUX HOMMES ET LA VIE, ILS L'ONT GARDÉE DANS LEURS MAINS ! TOI, GILGAMESH, RASSASIE TON VENTRE, RECHERCHE LE PLAISIR JOUR ET NUIT [...] REGARDE L'ENFANT QUI TE TIENT LA MAIN ; QU'UNE ÉPOUSE VIENNE SANS CESSE SE RÉJOUIR SUR TON SEIN ; C'EST CELA (SEULEMENT) LE LOT DE L'HOMME !

Gilgamesh

à la mort de son ami. **En effet, il n'y a pas d'expérience de la mort comme telle.** C'est ce que le philosophe Épicure avait aussi bien compris, lui qui expliquait que, tant que nous existons, la mort n'est pas là et que, lorsque la mort est là, alors c'est que nous ne sommes plus.

Ainsi il n'y a jamais de rencontre réelle avec la mort elle-même. **La seule expérience que nous puissions faire, c'est celle de la mort des autres et, en particulier, d'un être cher.** Et c'est dans et à travers cette expérience première du deuil que nous prenons, dans l'angoisse, conscience que nous aussi sommes destinés à mourir.

ÉPICURE
(341-270 av. J.-C.)
Philosophe grec.

Deuil
Vient du latin *dolere*, qui veut dire « souffrir ». Désigne la douleur éprouvée à la mort de quelqu'un.

LE PLUS TERRIFIANT DES MAUX, LA MORT, N'EST RIEN PAR RAPPORT À NOUS, PUISQUE, QUAND NOUS SOMMES, LA MORT N'EST PAS LÀ, ET, QUAND LA MORT EST LÀ, NOUS NE SOMMES PLUS

Épicure

Pourquoi donner une sépulture aux morts ?

Si l'on cherche en effet ce qui distingue véritablement l'homme des animaux, ce qui vient en premier, c'est le fait que l'homme prend soin de ses morts. L'animal, devant le cadavre de son petit ou de son compagnon, même s'il montre d'abord une certaine émotion, finit par l'abandonner et s'éloigner. Alors que l'homme, depuis les temps les plus reculés, donne une sépulture à ses morts. C'est donc la pratique des rites funéraires, plus encore que l'usage des outils ou l'invention du langage, qui caractérise l'être humain. Ces rites diffèrent avec les civilisations. Dans la nôtre, on avait coutume jusque récemment d'enterrer les morts,

Sépulture
Lieu où est déposé le corps d'un défunt.

Rites funéraires
Ensemble des cérémonies accomplies au cours de l'enterrement d'une personne.

mais aujourd'hui de plus en plus de gens choisissent la crémation, qui est pratiquée par les Hindous depuis des millénaires. Et l'on sait que les grandes pyramides édifiées autrefois par les Égyptiens sont les tombeaux de leurs rois, les pharaons, où reposent leurs cadavres momifiés.

Crémation
Vient du latin *cremare*, qui veut dire « brûler ». On dit aussi « incinération ».

On voit donc que les êtres humains, contrairement aux animaux, refusent de se soumettre à la loi de la nature, qui veut que tout ce qui vit finit par mourir : ils tentent ainsi de conserver un lien avec ceux qui sont morts. C'est la raison pour laquelle ils font une place aux morts, leur construisent des tombes dans des cimetières ou conservent précieusement les urnes qui contiennent leurs cendres. Le but des rites funéraires,

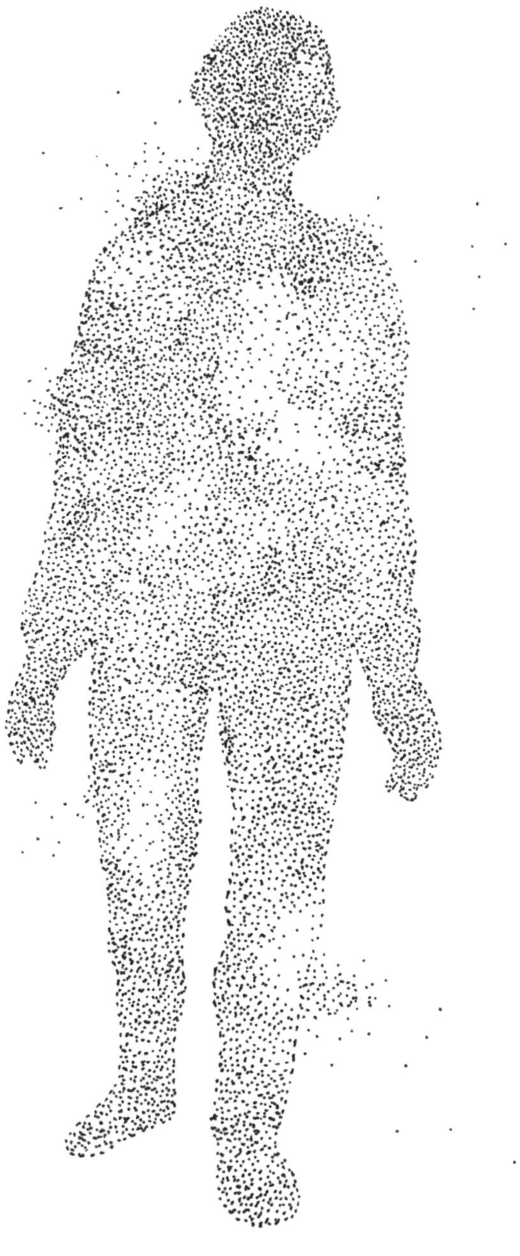

c'est donc de permettre aux vivants de garder un lien avec ceux qui sont morts et ne sont plus physiquement présents. Certes les morts ne peuvent plus nous répondre, mais nous pouvons continuer à dialoguer avec eux en pensée, entretenir avec eux un rapport spirituel. Il s'agit donc pour celui qui éprouve la perte d'un être cher de lui faire une place dans son esprit et dans sa mémoire et de porter ainsi son deuil.

Spirituel
Qui appartient non pas au corps, mais à l'esprit.

Les êtres humains vivent en effet tous en communautés, et ce qui forme le lien qui les unit, c'est la mémoire collective. Car les hommes ne vivent pas seulement avec leurs contemporains, c'est-à-dire ceux qui partagent avec eux le même temps de vie : ils vivent aussi avec les morts, avec ceux qui les ont précédés dans le temps et leur ont transmis une partie de leur savoir. La culture humaine se fonde sur la transmission de savoirs et de techniques qui constituent le bien durable d'une communauté qui s'étend toujours sur plusieurs générations de vivants. La culture, c'est ce qu'un être reçoit de ceux qui l'ont précédé et qu'il transmet à son tour à ceux qui viennent après lui, c'est ce qui, de son expérience, perdure après sa mort et demeure valable pour les générations futures. Dans les civilisations anciennes, un véritable culte était rendu aux ancêtres, qui étaient vénérés à l'égal des dieux. Que la vie de l'homme soit une vie avec les morts et non pas seulement avec les vivants, voilà donc ce

Perdurer
Durer longtemps, continuer à exister.

Culte
Vient du latin *colere*, qui veut dire cultiver, adorer. Désigne l'hommage qu'on rend à une divinité.

qui distingue fondamentalement l'existence humaine de la vie animale.

Porter le deuil des disparus veut dire à la fois accepter leur mort et la refuser. L'accepter, puisqu'il nous faut reconnaître qu'on ne peut plus avoir avec les morts les mêmes rapports qu'auparavant, puisqu'on ne peut plus les voir, les entendre ni les toucher, et que par conséquent le lien vivant avec eux est brisé. Mais c'est aussi la refuser, puisque nous continuons malgré tout à rester en rapport avec eux par la mémoire. Les travaux des historiens et des anthropologues ont montré que les hommes des sociétés anciennes considèrent que les morts continuent de mener à leurs côtés une vie invisible. Ils ne cessent pas d'intervenir dans le

Anthropologie
Vient du grec *anthropos*, qui veut dire homme. Science de l'homme.

Auguste COMTE (1798-1857)
Philosophe français.

L'HUMANITÉ SE COMPOSE DE PLUS DE MORTS QUE DE VIVANTS.

Auguste Comte

cours de l'existence de ceux qui se nomment vivants. La coupure entre les morts et les vivants n'est pas aussi nette que dans notre société, c'est pourquoi il est si difficile de nous représenter le monde dans lequel vivaient les hommes de ces sociétés, dont certaines existent pourtant encore à notre époque.

Elles sont, nous le savons, en voie de disparition, puisque le mode de vie moderne s'impose aujourd'hui aux hommes sur toute la planète. Mais, parce qu'elles croient, elles, en la présence des morts parmi les vivants, elles demeurent reliées à l'invisible. Nous, les modernes, parce que nous sommes enfermés dans le visible et n'accordons d'existence réelle qu'à ce qui touche nos sens, ne parvenons pas à comprendre ce rapport quotidien avec l'invisible. Pourtant les morts demeurent constamment en rapport avec nous, puisque nous sommes des êtres capables de mémoire, et l'on pourrait dire à cet égard qu'ils continuent à vivre à travers nous, du moins aussi longtemps que nous parvenons à garder vivant en nous leur souvenir.

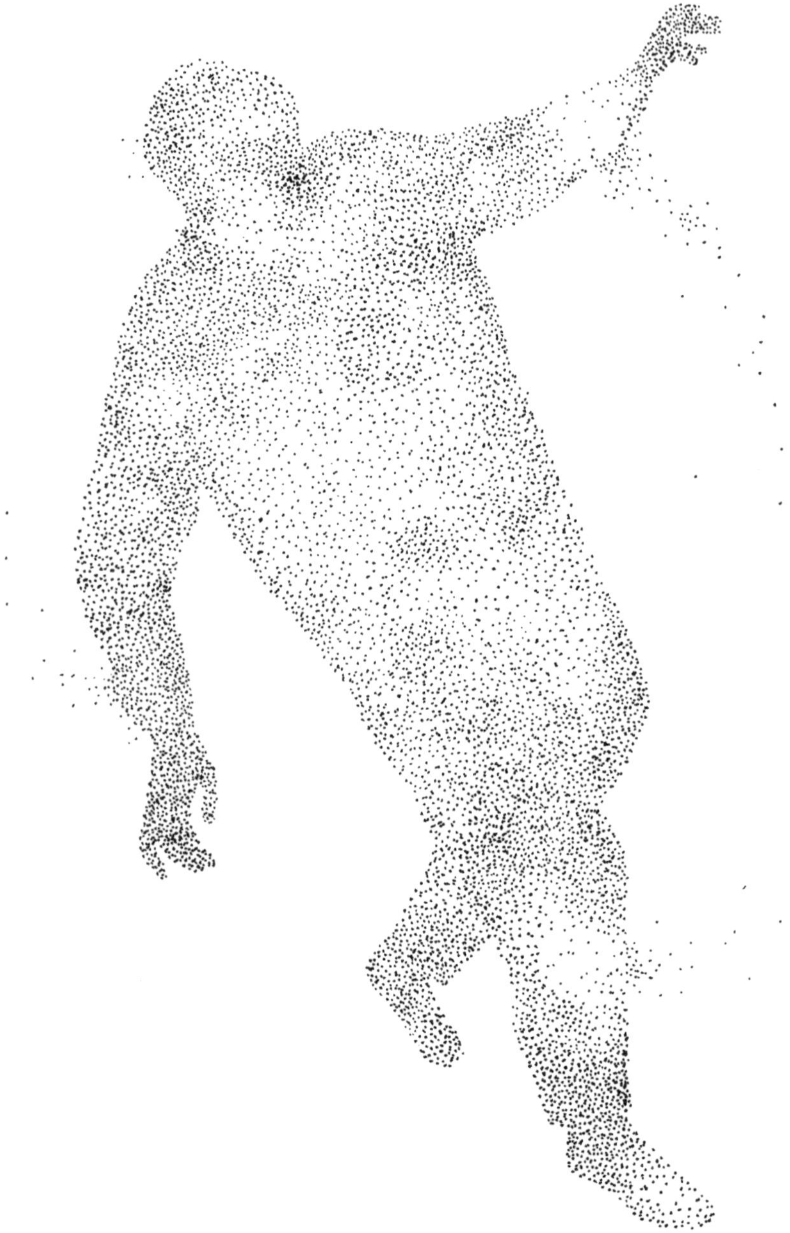

Y a-t-il une vie après la mort ?

Dans ces sociétés anciennes, contrairement à ce qui se passe dans les sociétés modernes, la mort est considérée comme faisant partie de la vie. C'est ce qui explique la croyance en la réincarnation qu'on trouve aujourd'hui encore en Orient. On ne voit donc pas dans la mort la disparition définitive d'une personne, puisque l'âme du défunt peut habiter un nouveau corps et renaître ainsi à une vie nouvelle. Tout est un perpétuel recommencement puisque la mort n'est finalement que le prélude à une renaissance et à un nouveau cycle de vie. Par cette croyance en la réincarnation, on parvient donc à

Réincarnation
Union à un nouveau corps d'une âme qui avait auparavant été unie à un autre corps.

Défunt
Celui qui a terminé sa vie et qui est mort.

donner un sens à ce qui semble ne pas en avoir, à cet impensable qu'est la mort.

Voilà pourquoi nous avons tendance à voir dans la mort un **passage** et non pas une fin. On utilise en effet pour en parler les mots **« décès »**, qui vient du latin *decedere* (s'en aller, partir), ou **« trépas »**, qui vient du verbe « trépasser » (dépasser, aller au-delà d'une limite). La mort est ainsi considérée comme un simple départ, un voyage, dont il est toujours possible de revenir, et non pas comme la fin de toutes choses. Dans cette perspective, la mort apparaît comme quelque chose de relatif, puisqu'une partie de nous continue d'exister sous une autre forme, mais toujours dans le même monde.

On trouve cependant chez les anciens Grecs une autre représentation de la vie après la mort. Pour eux, l'au-delà n'est que ce triste royaume des ombres qui est dépeint dans l'*Odyssée*, où nous voyons Achille, le grand héros grec, expliquer à Ulysse qu'il préférerait, plutôt que d'être roi dans ce monde souterrain, se voir réduit sur terre à la misérable condition d'un pauvre laboureur. Cette confidence d'Achille montre que les Grecs voyaient dans le monde de l'au-delà quelque chose de bien moins désirable que la vie terrestre. Il n'en va pas de même pour nous, qui vivons dans un monde encore profondément marqué par la culture chrétienne.

Car, avec le christianisme, c'est une tout autre idée de l'au-delà

Au-delà
Nom donné au monde et à la vie après la mort.

ODYSSÉE
Long poème d'Homère (IXe siècle av. J.-C.) qui retrace les voyages d'Ulysse, roi d'Ithaque, petite île grecque, à son retour de la guerre de Troie.

ACHILLE
Fameux héros grec de l'*Iliade*, autre poème d'Homère, qui est le récit de la guerre de Troie.

qui fait son apparition : pour le chrétien, le monde de l'au-delà est le royaume des ressuscités, de ceux qui ont donc, après la mort, retrouvé une vie nouvelle. Dans un au-delà qui ressemble très peu à celui, crépusculaire, des Grecs, ils jouissent de la vie éternelle promise par Dieu aux justes.

Évangile
Vient d'un mot grec qui veut dire « bonne nouvelle ». On désigne sous ce nom la doctrine de Jésus-Christ et les livres qui la contiennent. La « bonne nouvelle », c'est celle de la venue du Christ sur terre pour nous sauver de la mort et du péché.

Le christianisme affirme que la vie véritable, la vie éternelle, n'est pas la vie terrestre, mais celle que nous mènerons dans l'au-delà. Comme l'explique l'Évangile, il y aura, à la fin des temps, un jugement dernier où chacun devra rendre compte de ses actions. Il faut donc, pour le chrétien, travailler dès cette vie à mériter sa rédemption, c'est-à-dire le rachat de ses péchés, qui lui permettra d'accéder au royaume de Dieu. On comprend alors les paroles du Christ déclarant dans l'Évangile que le Dieu des chrétiens n'est pas un dieu des morts mais un dieu des vivants, et conseillant à l'un de ses disciples de laisser les morts enterrer les morts, car ce qui seul importe, c'est la vie éternelle.

Le message que veut propager le christianisme est clair : la mort a été définitivement vaincue par le Christ, qui, au moment de sa crucifixion et du désespoir qui l'a précédée, a bien traversé l'angoisse de la mort que connaissent tous les humains. Mais il l'a surmontée en ressuscitant, trois jours plus tard, d'entre les morts. Car la force du chrétien, c'est qu'il voit dans le Christ crucifié un Dieu qui, en mourant, devient capable de triompher de la mort et qui, en

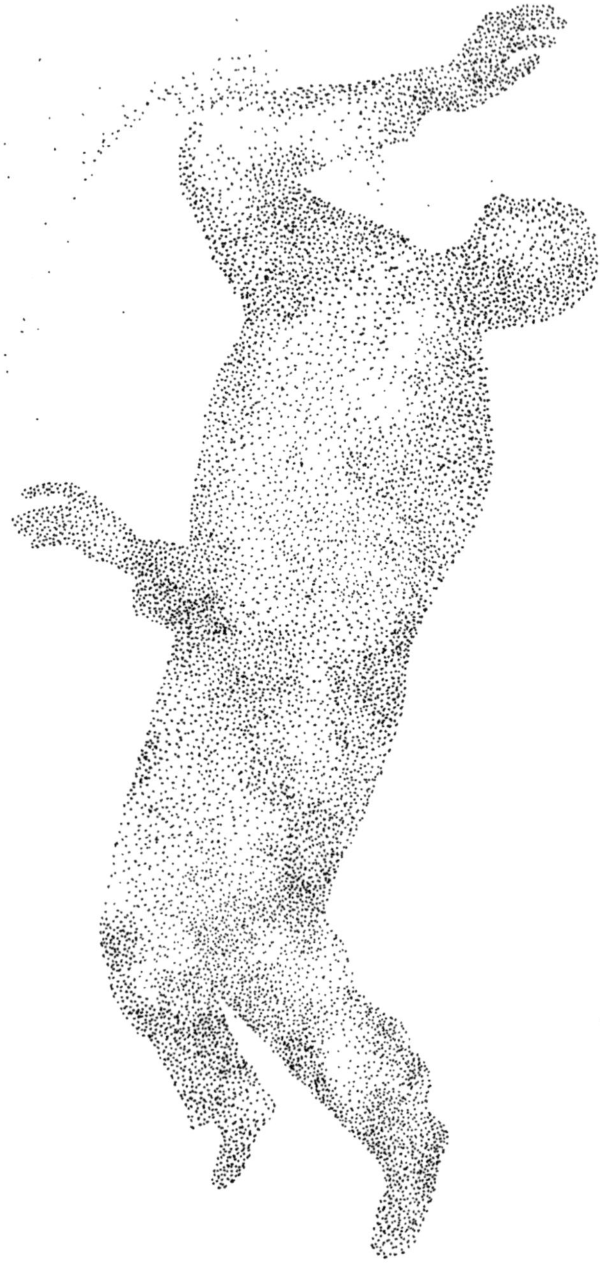

s'offrant sans réserve à la mort, parvient à la joie de la résurrection.

Dans le christianisme, on trouve donc à la fois une compréhension profonde de ce qu'est la mort pour l'être humain et une manière de la relativiser, puisqu'elle est conçue seulement comme un passage, une épreuve permettant l'accès à la vraie vie, la vie éternelle. Celui qui a la foi parvient ainsi à échapper à ce qui constitue le tragique de la condition humaine. Nous n'avons en effet aucun moyen de savoir s'il y a ou non une vie après la mort. J'emploie ici le mot « tragique », car ce que représente la tragédie, qui a tout juste précédé, en Grèce, l'apparition de la philosophie, c'est précisément la lutte que mène le héros contre le destin qu'il a reçu en partage et dont il ignore tout.

SOPHOCLE
(495-405 av. J.-C.)
Poète tragique grec.

C'est dans une des plus belles tragédies de Sophocle, *Antigone*, qu'on rencontre la représentation la plus juste de ce qu'est l'homme, cet être merveilleux capable d'inventer un grand nombre de choses, mais qui, en dépit de toute son inventivité, a échoué sur un point capital, puisque, contre la mort, il n'a pas su trouver de remède.

On trouve ainsi chez Sophocle l'affirmation qu'il n'y a pas de remède à la mort, qu'elle est le lot inéluctable de l'homme, qui ne peut que poser des questions sans jamais parvenir à savoir si sa vie a vraiment un sens.

Or cet homme qui pose des questions sur le sens de la vie sans jamais parvenir à des réponses sûres, c'est précisément

IL EST BIEN DES MERVEILLES EN CE MONDE, IL N'EN EST PAS DE PLUS GRANDE QUE L'HOMME [...] BIEN ARMÉ CONTRE TOUT, IL NE SE VOIT DÉSARMÉ CONTRE RIEN DE CE QUE PEUT LUI OFFRIR L'AVENIR. CONTRE LA MORT SEULE IL N'AURA JAMAIS DE CHARME PERMETTANT DE LUI ÉCHAPPER, BIEN QU'IL AIT DÉJÀ SU, CONTRE LES MALADIES LES PLUS OPINIÂTRES, IMAGINER PLUS D'UN REMÈDE.

Sophocle

le philosophe, celui qui aime la sagesse mais ne la possède pas car, si tel était le cas, il ne serait plus un homme, mais un dieu.

Peut-on s'habituer à l'idée qu'on va mourir ?

Contrairement aux religions, et en particulier à la religion chrétienne, qui considèrent que tout ne se termine pas avec la mort, la philosophie, elle, se donne pour but de préparer l'être humain à la mort. C'est ce qu'explique Socrate, dans le *Phédon*, un dialogue écrit par son disciple Platon, où celui-ci raconte les derniers moments de la vie de son maître. Socrate reconnaît qu'il ne sait pas si son âme est immortelle et si elle continuera à exister une fois que la vie aura quitté son corps. Mais ce qui caractérise le philosophe, c'est que, contrairement aux autres hommes, il n'a pas peur de la mort. Ce qui importe pour lui, ce n'est

Philosophie
Vient du grec *philein*, qui veut dire « aimer » et *sophia* qui veut dire « sagesse » ou « savoir ».

SOCRATE
(470-399 av. J.-C.)
Premier philosophe grec, qui fut accusé à tort de corrompre la jeunesse et condamné à mort par la cité d'Athènes.

PLATON
(428-348 av. J.-C.)
Philosophe grec qui a écrit de nombreux dialogues dont le personnage central est Socrate.

pas la vie du corps, mais celle de la pensée. Quand je pense, j'ai l'impression d'avoir quitté mon corps qui reste là, parmi les choses, alors que mon esprit évolue en toute liberté et n'est plus attaché à la réalité. Il ne faut donc pas s'étonner que les philosophes aient été nombreux depuis Platon à mépriser le corps et à exalter l'esprit : la pensée les entraînait effectivement dans un monde irréel qui n'a plus rien à voir avec l'univers visible et sensible.

Ce que craint par-dessus tout Platon, ce n'est pas de quitter cette vie, de mourir, mais au contraire de vivre dans un trop grand attachement au corps et au sensible. Ce que doit faire, selon lui, le philosophe, c'est s'exercer pendant toute sa vie à mourir à son corps.

Platon n'affirme pourtant pas que l'âme est immortelle, car il est philosophe, et un philosophe n'affirme jamais rien catégoriquement, au contraire il ne cesse d'interroger. Il dit simplement que nous avons intérêt à parier sur l'immortalité, intérêt donc à vivre comme si notre âme était immortelle, parce que de toute manière nous serons gagnants. Si notre âme est immortelle, alors nous aurons eu raison et, si elle ne l'est pas, du moins nous aurons vécu sans rechercher à tout prix les plaisirs du corps. Platon semble ainsi nous dire : « Vous n'avez rien à craindre de la mort parce que, de toute manière, vous avez intérêt à parier sur une vie après la mort. Je ne peux pas vous la promettre, mais vous avez intérêt à y croire.

IL EST DONC TRÈS RÉEL QUE LES VRAIS PHILOSOPHES S'EXERCENT À MOURIR, ET QUE LA MORT LEUR PARAÎT MOINS EFFRAYANTE QU'À TOUS LES AUTRES HOMMES. JUGES-EN TOI-MÊME D'APRÈS CE QUE JE VAIS TE DIRE. SI CES PHILOSOPHES, EN EFFET, N'ONT EN TOUT POINT QU'AVERSION POUR LE CORPS [...] NE SERAIT-CE PAS UNE GRANDE ABSURDITÉ QU'ILS S'INDIGNENT QUAND CE MOMENT ARRIVE, QU'ILS S'ÉPOUVANTENT ET QU'ILS N'AILLENT POINT AVEC JOIE LÀ OÙ ILS ONT ESPOIR, UNE FOIS PARVENUS, D'OBTENIR LE BIEN QU'ILS ONT AIMÉ DURANT TOUTE LEUR VIE... ?

Platon

Le vrai danger, pour vous, n'est pas la mort, c'est au contraire de vous laisser aller aux excès du corps. » C'est la leçon très sévère et très ascétique de la philosophie platonicienne.

Épicure, lui aussi, pense que le philosophe ne doit pas craindre la mort, puisque, comme cela a déjà été dit, il affirme que la mort n'est pas quelque chose de réel pour nous. C'est pour la même raison qu'un autre philosophe, plus proche de nous dans le temps, Spinoza, déclare que le philosophe, c'est-à-dire l'homme qui ne se laisse pas dominer par ses émotions et n'obéit qu'à la voix de la raison, ne craint pas la mort et n'éprouve pas le besoin d'y penser.

Mais peut-on si facilement écarter de notre esprit la pensée de

Ascétique
Se dit de quelqu'un qui mène une vie austère et refuse de s'adonner aux plaisirs des sens, pour se perfectionner spirituellement.

Baruch SPINOZA (1632-1677)
Philosophe hollandais.

L'HOMME LIBRE NE PENSE À RIEN MOINS QU'À LA MORT, ET SA SAGESSE EST UNE MÉDITATION NON DE LA MORT, MAIS DE LA VIE.

Spinoza

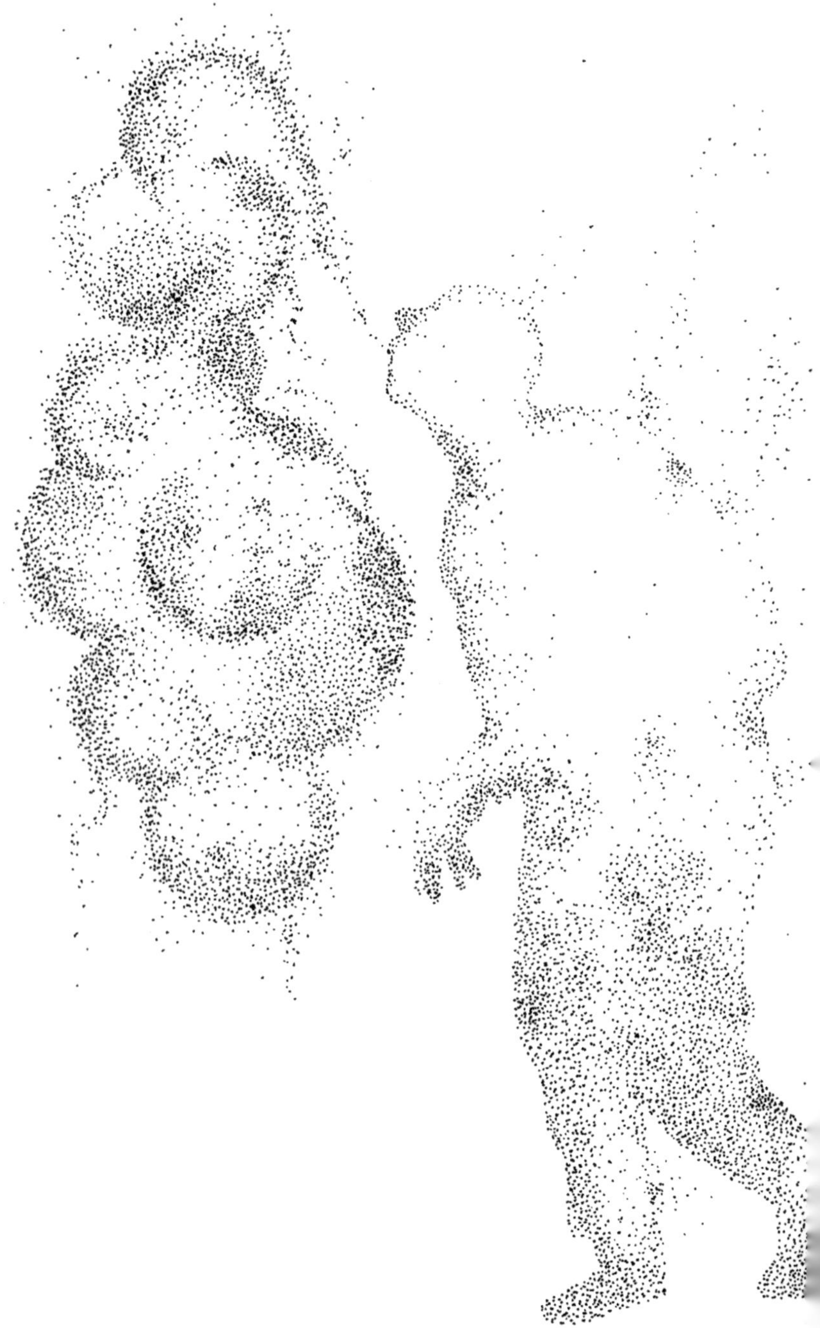

la mort ? Est-il vraiment possible de vaincre la peur qui s'empare de nous à l'idée que nous mourrons un jour ? Montaigne, penseur et écrivain français de la Renaissance, veut lui aussi le croire. C'est pourquoi il affirme que « philosopher c'est apprendre à mourir ». Car il faut nous réconcilier avec la mort, avec ce qui est pour nous un destin inéluctable, et non pas, comme le voulait Platon, tenter d'y échapper en préférant à la vie du corps la vie éternelle de la pensée. Montaigne nous engage plutôt, comme déjà Épicure, à lutter contre la peur de la mort qui n'est en réalité qu'une peur imaginaire, puisque, tant que je suis vivant, la mort, elle, n'est pas là. Mais, au lieu d'écarter, une fois pour toutes, la pensée de la mort, comme le

Michel de MONTAIGNE (1533-1592)
Auteur des *Essais*.

Renaissance
Période allant du XIVe au XVIe siècle marquée par le retour aux idées et à l'art des Grecs et des Romains.

Inéluctable
Ce qu'on ne peut pas éluder, éviter.

conseillait Spinoza, il s'agit au contraire pour Montaigne de la conserver tout le temps à l'esprit. Il faut, dit-il, « s'apprivoiser à la mort », prendre le temps, comme on le ferait avec un animal sauvage qu'on se propose de domestiquer, de nouer des liens avec elle, de l'amadouer, de sorte qu'elle nous devienne familière et qu'elle n'éveille plus en nous la peur. Montaigne sait bien que la pensée de la mort nous accompagne tout au long de notre vie et qu'il nous faut donc parvenir à transformer le rapport que nous avons avec elle. Il nous invite en fin de compte à la voir d'une tout autre façon, à découvrir, par-delà l'épouvante qu'elle nous inspire, le visage aimable de la mort.

Le vrai visage de la mort

Les hommes ont toujours désiré être immortels et ils ont toujours vu dans la mort une limite et une forme d'imperfection. C'est la raison pour laquelle ils ont aspiré à une autre vie, une vie éternelle, qu'ils pourraient trouver par-delà la mort, comme nous le promettent les religions. Les philosophes, quant à eux, ont tenté de nous réconcilier avec la mort, soit en nous enseignant à donner tous nos soins à ce qui est en nous immortel, c'est-à-dire à la pensée, soit en nous conseillant de nous habituer à l'idée que nous sommes mortels. Mais pouvons-nous vraiment nous en tenir au simple constat du caractère inéluctable de notre mort ? Pouvons-nous jamais nous faire à cette idée et parvenir à considérer froidement notre propre mort comme un fait parmi d'autres ? Notre rapport à la mort, à notre propre mort, demeure, malgré tous les appels à la raison, malgré toutes les tentatives visant à l'apprivoiser, marqué par l'épouvante. On peut donc douter que, comme le veulent les philosophes, la mort puisse être jamais dominée par la raison. C'est ce qui explique que tous, nous nous efforçons d'échapper à la pensée de la mort et que nous tentons de la considérer comme un événement qui aura lieu dans le monde, alors qu'elle sera littéralement pour nous la fin du monde.

Nous nous faisons en effet des idées sur notre capacité à accepter

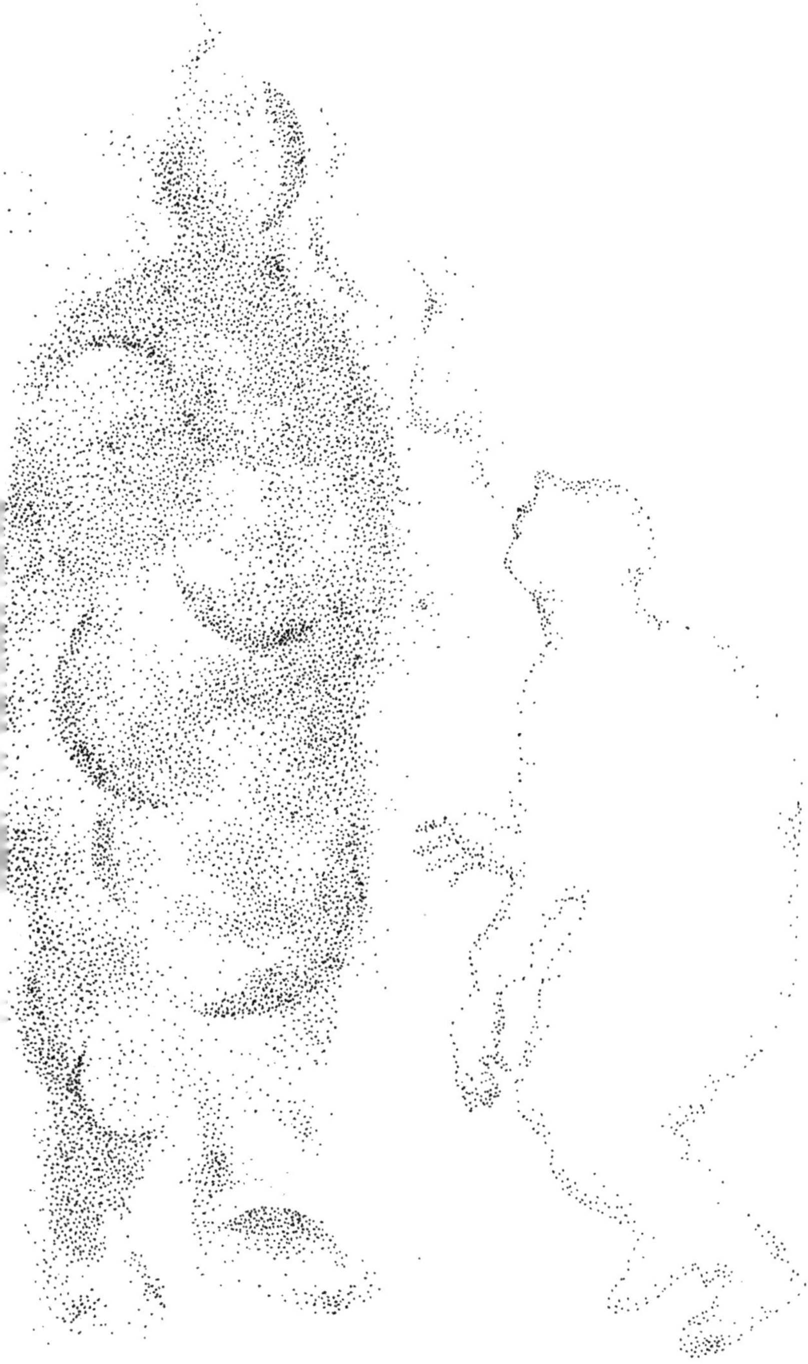

la mort, comme si elle était par exemple « normale » à un certain âge et « anormale » à d'autres. En réalité, quel que soit son âge, l'être humain meurt toujours trop tôt. Il y a là une différence fondamentale entre l'homme et l'animal. Car l'animal poursuit une fin qui lui est assignée par la vie même, celle de se reproduire, et d'assurer ainsi la survie de son espèce. On sait que, chez certaines espèces animales, la mort suit de près l'acte de procréation, ce qui montre bien que l'animal en question a accompli la tâche qui était la sienne et qu'il a ainsi atteint le but même de sa vie. Mais, chez l'homme, il est tout à fait impossible de dire d'un individu qu'il a véritablement atteint le but de son existence. L'être humain est capable à tout âge de faire des progrès et il est toujours possible pour lui de s'engager dans des tâches nouvelles. Alors que l'animal, lui, n'a pas véritablement d'histoire, car sa vie est la répétition d'un destin qui est le même pour tous les membres de l'espèce à laquelle il appartient.

La mort d'un enfant ou d'un jeune adulte nous apparaît, il est vrai, comme un insupportable scandale, une véritable injustice, car nous prenons alors douloureusement conscience de l'arrêt brutal prématurément donné à une existence dont les possibilités n'auront pas eu le temps de se développer. Mais la mort est, à tout âge, le couperet qui vient mettre un terme à un ensemble de possibilités qui ne seront jamais réalisées. C'est la raison pour laquelle les Grecs et les Romains se représentaient déjà la mort sous les traits d'une divinité, d'une Parque qui coupe le fil de la vie. Parmi toutes les images qu'on peut se faire de la mort, celle qui prédomine est l'image d'une femme au visage effrayant portant la faux avec laquelle elle tranchera les vies.

Prématurée, toute mort humaine l'est donc par définition, puisque l'homme est capable à tout âge d'inventer, de se donner des buts, de former des projets. Voilà pourquoi il meurt toujours avant d'être parvenu à mener à bout tout ce qu'il projetait de faire.

La mort est en effet le seul événement, avec la naissance, sur lequel nous n'avons absolument aucun contrôle. Je peux

PARQUES
Trois divinités qui régissent la vie de tous les hommes, alors comparée à un fil. La première tient la quenouille, la deuxième tourne le fuseau et la troisième coupe le fil.

« avancer » ou « retarder » ma mort. Je peux la provoquer par le suicide ou favoriser sa venue, quand je prends par exemple des risques inconsidérés. Mais je ne peux pas, au sens littéral du mot, « choisir » de mourir ou de ne pas mourir. Je ne peux d'ailleurs pas davantage choisir de mourir pour un autre, si on entend par là le décharger à jamais de sa mort. Je peux seulement, par exemple, en me sacrifiant pour lui, retarder pour lui le moment de mourir. L'être humain n'a pas, au sens propre, le pouvoir de « donner » la mort ni à lui-même ni à un autre être vivant, puisque ce dernier devra de toute manière mourir un jour. Il a seulement le pouvoir d'abréger ou d'allonger ses jours, d'avancer l'heure de la mort ou de la retarder.

Mais, si la mort a bien pour nous le visage d'un destin auquel nous ne pouvons échapper, cela veut-il dire que ce visage est nécessairement effrayant ? Il faut ici songer à ce que serait une vie qui se poursuivrait indéfiniment. L'être humain désire l'immortalité, mais pourrait-il la supporter ? Ne finirait-il pas par tomber dans l'ennui, à force de voir les choses se répéter constamment ? Et les événements qui comptent vraiment pour nous ne sont-ils pas ceux qui n'ont lieu qu'une fois ? Une vie, c'est comme une histoire : elle a un début et elle doit aussi avoir une fin. N'est-ce pas précisément parce que l'homme ne vit qu'un court laps de temps que sa vie acquiert un sens ? Je n'ai pas toujours été ici, dans le monde, j'y ai fait mon entrée le jour de ma naissance. Il y a donc derrière moi toute la profondeur d'un passé que je n'ai pas vécu. Il y aura de même après ma mort toute l'étendue d'un avenir que je ne vivrai pas. Mais ce qui s'étend entre ces deux limites, celle de ma naissance et celle de ma mort, c'est l'espace de ma vie. De même qu'il faut naître pour pouvoir vivre, il faut aussi mourir. C'est alors qu'il devient possible de découvrir un autre visage, non grimaçant celui-là, de la mort. Il faut dorénavant y penser autrement, en nous demandant si le secret qu'il faut percer pour surmonter en nous la peur de la mort, ce n'est pas justement cela : qu'il faut peut-être accepter de mourir un jour afin de pouvoir pleinement vivre.

Index

Cet index regroupe les noms propres et les mots dont le sens est expliqué dans les bulles de couleur placées en marge du texte. Les numéros renvoient aux pages.

ISBN : 978-2-07-062196-5
Numéro d'édition : 161150
Loi n° 49956 du 16 juillet 1949
sur les publications destinées à la jeunesse
Imprimé en Belgique